Marguerite ABOUET

Mathieu SAPIN

Akissi

VACANCES DANGEREUSES

D'après l'univers graphique
de Clément Oubrerie

Couleurs de Clémence

Gallimard

À Jasmin (Papou).
M. A.

Pour Louis.
M. S.

© Gallimard Jeunesse, 2012
N° d'édition : 240462
ISBN : 978-2-07-064644-9
Loi n°49-956 du 16 juillet 1949
sur les publications destinées à la jeunesse
Dépôt légal : avril 2012
Imprimé en France par Jean-Lamour - Groupe Qualibris
Première édition

Le papier de cet ouvrage est composé de fibres naturelles,
renouvelables, recyclables et fabriquées à partir de bois
provenant de forêts plantées et cultivées expressément
pour la fabrication de la pâte à papier.

Akissi

VOLE - MOUTON

MON MOUTON !!

À FORCE DE ROULER COMME UN FOU, VOILÀ !?!

ASSASSIN !!

ESPÈCE DE CHAUFFARD !

EST-CE QUE VOUS ÊTES MORTS ?

TRANSPORTS EN COMMUN

MON MOUTON !! MON MOUTON A DISPARU !!

MADAME ! IL NE VOULAIT PAS ÊTRE MANGÉ ! IL S'EST ÉCHAPPÉ...

RENDS-MOI MON MOUTON !

SI TU M'ÉTRANGLES QUI VA RÉPARER LE PNEU, HEIN ?

PAUVRE MOUTON...

IL A DÛ TOMBER DE CE CÔTÉ.

VIENS, ON VA LE CHERCHER.

REGARDE, IL Y A UN VILLAGE LÀ-BAS...

C'EST UN MIRACLE !!

UN MOUTON QUI TOMBE DU CIEL ! C'EST UN SIGNE. IL FAUT LE MANGER.

MÊÊÊ !!

PIPI NOCTURNE

HAN!

PAF!

AÏE!

HIHI!

EXCUSE-MOI.

PFFF... MÊME PAS FORT, FOFANA.

AKISSI, TU FAIS QUOI ICI ?

TU T'EN VAS ! SINON JE T'ASSOMME !

WAOUH... LA BELLE BOSSE.

ELLE GRANDIT DE PLUS EN PLUS...

JE VEUX, MOI AUSSI, MANGER DU COCO.

PERSONNE NE VA T'EN DONNER DE TOUTE FAÇON.

ÇA C'EST SÛR, VU QUE VOUS N'ARRIVEZ MÊME PAS À EN ATTRAPER POUR VOUS !

NAN, C'EST PAS VRAI !!

SI C'EST VRAI !

D'AILLEURS, JE VAIS VOUS MONTRER COMMENT IL FAUT FAIRE...

AKISSI, EST-CE QUE TU AS VU DES FILLES ICI ?!!

JE NE SUIS PAS LA GRANDE SŒUR DE BOUBOU* POUR RIEN.

IL FAUT TOUJOURS QUE TU FASSES TON INTÉRESSANTE !

HO HISSE ! HO HISSE !

AKISSI !! DESCENDS DE LÀ TOUT DE SUITE !!

TROP FORTE !

ON DIRAIT UN SINGE.

ON VA MANGER DES COCOS !

?!

AKISSI, JE VAIS LE DIRE À PAPA !

IL N'EST MÊME PAS ICI !!

* le singe d'AKISSI (voir TOMES 1 et 2).

Akissi

CHEVEU FLAMBOYANT

ALORS, PRÉPARE-TOI. JE BRÛLE LES BOUTS DES MÈCHES AVEC UNE BOUGIE POUR NE PAS QUE LES TRESSES SE DÉFASSENT... VOILÀ...

TU SAIS COIFFER, AKISSI?

BAH OUI, TRÈS BIEN MÊME.

AAAAH... MES PAUVRES REINS...

MÉMÉ, TU SAIS QUE JE TRESSE BIEN... JE PEUX COIFFER FERNANDE.

TU SAIS FAIRE DES TRESSES, TOI ?

OUI, MÉMÉ, JE TE LE JURE ! TU PEUX DEMANDER À FOFANA.

JE VAIS DORMIR, MOI. MA PAUVRE TÊTE...

FOFANA ! POUR ÇA, ENCORE FAUDRAIT-IL QU'IL SOIT LÀ...

PITIÉ, MÉMÉ, JE VEUX T'AIDER. EN PLUS, TU AS MAL AUX REINS.

OUI, MÉMÉ, PENSE À TES OS.

BON, TU FAIS UNE TRESSE ET SI ELLE EST BELLE, TU LES FERAS TOUTES.

TU VERRAS, MÉMÉ. VIENS, FERNANDE.

OUF !

Peu après

DIS DONC, C'EST BIEN, MA PETITE FILLE ! BRAVO !

ET ÇA NE FAIT MÊME PAS MAL !

Akissi

TOILETTES PUBLIQUES

... ALORS MANIWATA ENTRA DANS UNE GRANDE COLÈRE ! ELLE NE VOYAIT PLUS SES ENFANTS !

... ELLE SE TRANSFORMA EN SIRÈNE ET ENTRA DANS LA CHAMBRE OÙ DORMAIENT MAMADOU ET BINETA...

BRRR

C'EST ALORS QUE... AAAH AAAAH !!!

QUE QUOI PÉPÉ !?!

BON, LA SUITE DEMAIN. IL SE FAIT TARD, MES PETITS.

NOOOOOON!

ALLONS, ALLONS! AU LIT! SAGE NUIT, LES ENFANTS !!

MAIS AKISSI, ARRÊTE DE ME COLLER COMME ÇA !!

PFFF

PÉPÉ AIME TROP FAIRE ÇA.

MÊME PAS VRAI !

TOUS AU PETIT COIN !

HA HA !

FOFANA, JE TE CONFIE LA LAMPE.

MOI, JE VEUX PAS Y ALLER.

ÇA FAIT TROP PEUR.

ET PUIS IL FAIT TROP NOIR.

SI ON RESTE TOUS ENSEMBLE, TOUT IRA TRÈS BIEN.

ILS NE PEUVENT PAS AVOIR DE VRAIES TOILETTES, COMME TOUT LE MONDE ?

CHUT, AKISSI !

FAITES VITE PIPI ET ON S'EN VA.

MAIS MOI J'AI ENVIE DE FAIRE CACA.

MOI AUSSI.

MOI AUSSI.

31

34

... EN FAISANT TRÈS ATTENTION AVEC VOS MACHETTES.

ENSUITE, AVEC LES MAINS, VOUS DÉTERREREZ LE MANIOC...

D'ACCORD, MÉMÉ. C'EST FACILE.

TU NE L'AS JAMAIS FAIT, GROSSE TÊTE !

TOI, AKISSI, TU VAS CREUSER SANS MACHETTE. C'EST TROP DANGEREUX POUR TOI.

C'EST PAS JUSTE !

JE SUIS UNE GRANDE FILLE, MÉMÉ, J'AI PEUR DE RIEN AAAAH !!!

Y A DES GROS VERS DE TERRE... BEURK !

AKISSI, TU M'AS FAIT PEUR ! C'EST GENTIL, LES VERS DE TERRE...

PAS LES SI GROS !

BON, VA T'ASSEOIR LÀ-BAS ET LAISSE-NOUS TRAVAILLER. TU NOUS AIDERAS À PORTER LES MANIOCS, HEIN !

JE TE L'AVAIS DIT, MÉMÉ, IL NE FALLAIT PAS L'EMMENER AVEC NOUS...

LA CHASSE SERA BONNE.
JE SAIS OÙ ON PEUT TROUVER DES TAS
DE LAPINS.

TROP BIEN !

MOI JE VAIS EN ATTRAPER TROIS !

MOI CINQ !

MOI DIX !

SI ON ARRIVE À EN PRENDRE UN, CE SERA PAS MAL DÉJÀ...

C'EST LÀ ! LE PARADIS DES LAPINS !

WOUAH !!...

MAIS Y EN A DES MILLIERS !!

OH LES JOLIS PETITS LAPINS !...

HEIN !?! AKISSI ! QU'EST-CE QUE TU FAIS LÀ ??!!

JE ME BALADAIS TRANQUILLEMENT ET JE SUIS ARRIVÉE PAR HASARD ICI...

AKISSI ! ALORS C'EST TRANQUILLEMENT QUE JE TE DEMANDE DE DISPARAÎTRE DE MA VUE !!!

MAIS FOFANA... JE M'ENNUIE DES POUPÉES...

M'EN FICHE, AKISSI ! TU T'EN VAS !! SINON JE TE...

HÉ, FOFANA ! LES LAPINS S'ENFUIENT !

ZUT ! VITE ! ON Y VA !

MAIS VOUS VOULEZ FAIRE QUOI AUX LAPINS ??

LES ATTRAPER !

LES TUER !

LES DÉCOUPER !

...ET LES MANGER !!

OH NOOON ! PAUVRES PETITS LAPINS... JAMAIS !!

MAIS FOFANA, POURQUOI ELLE CRIE SI ELLE SE CACHE ? C'EST BIZARRE, NON ?

AAAAAïE !!

M'EN FICHE. C'EST ENCORE POUR FAIRE SON INTÉRESSANTE...

AU SECOURS ! AïE ! MON PiED !!

Plus tard

MAIS !?

LES ENFANTS, OÙ EST AKISSI ?

EUH...

PEUT-ÊTRE QU'ELLE S'EST UN PEU PERDUE DANS LA FORÊT...

QUOI ?! ET ÇA NE T'INQUIÈTE PAS PLUS QUE ÇA !?

VITE ! PRENEZ VOS LAMPES !

ALLONS LA CHERCHER !

AKiSSiii...

AKiSSi !

AKiSSiiii !!

AKiSSi !

ELLE EST LÀ !!! JE L'AI TROUVÉE !!

AKISSI !!

ENFIN !!

DIEU SOIT LOUÉ !

CHUT ! FAITES MOINS DE BRUIT...

VOUS ALLEZ EFFRAYER LES PETITS LAPINS ...

Plus tard

TUT TUT

MÉMÉ, JE VEUX RESTER ENCORE AVEC TOI...

ALLONS, ALLONS, AU REVOIR, AKISSI...

HA HA !

AU REVOIR, TOUT LE MONDE ! À BIENTÔT !!!

VROUM!!!

OUF !

LES VRAIES VACANCES VONT POUVOIR ENFIN COMMENCER !

FIN

44

pages
BONUS

COMMENT FAIRE LES
TRESSES AFRICAINES ?

① Pour commencer, trouve un ou une volontaire avec des cheveux longs (tu peux essayer sur toi, mais c'est plus dur).

TU VEUX BIEN, DIS ?

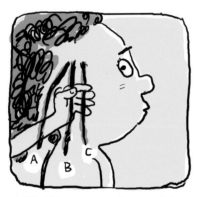

② Tu sépares trois mèches.

③ Tu fais passer celle de gauche au milieu des deux autres...

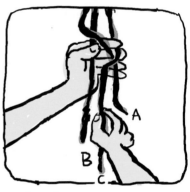

④ Puis celle de droite au milieu des deux autres.

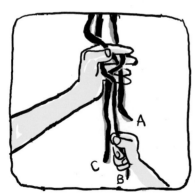

⑤ Et ainsi de suite jusqu'au bout de la tresse.

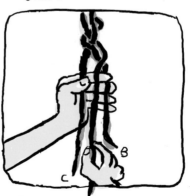

⑥ Quand la tresse est terminée, tu peux la fixer avec une perle ou un élastique.

⑦ Et voilà, il ne te reste qu'à tresser les autres mèches !

ARACHIDE AU CARAMEL
Pour plusieurs enfants sages et obéissants

N'OUBLIE PAS DE DEMANDER DE L'AIDE À UN ADULTE !

INGRÉDIENTS

- 500 grammes de cacahuètes hachées
- 200 grammes de sucre
- une casserole
- une spatule en bois
- un rouleau à pâtisserie

① Fais fondre le sucre dans la casserole, puis ajoute les cacahuètes hachées.

② Tourne le mélange pour qu'il forme une pâte.

③ Cinq minutes après, retire ton mélange du feu. C'est prêt.

④ À l'aide d'un rouleau à pâtisserie, étale ta pâte, puis fais des triangles, des losanges, des carrés, et surtout croque-les !!!

⑤ Régale-toi.

DES MÊMES AUTEURS

1- Attaque de chats   2- Super-héros en plâtre

MARGUERITE ABOUET

Chez Gallimard

AYA DE YOPOUGON (six volumes)
dessin de Clément Oubrerie

BIENVENUE (un volume)
dessin de Singeon

MATHIEU SAPIN

Chez Gallimard
UNE FANTAISIE DU DOCTEUR OX
D'après l'œuvre de Jules Verne

À l'Association
LE JOURNAL DE LA JUNGLE (six volumes)

Chez Bréal
L'ARCHÉOLOGIE C'EST NUL

Aux Éditions Le Cycliste
L'OREILLE GAUCHE

Chez Dargaud
FRANCIS BLATTE (un volume)
MEGARON (deux volumes) – dessin de Patrick Pion
SARDINE DE L'ESPACE (tomes huit à dix) – scénario de Emmanuel Guibert
SUPERMURGEMAN (trois volumes)
PAULETTE COMÈTE (deux volumes) – dessin de Christian Rossi
TRANCHES NAPOLITAINES (collectif)

Chez Delcourt
LA FILLE DU SAVANT FOU (trois volumes)
MEGA KRAV MAGA (deux volumes) – avec Frantico
FEUILLE DE CHOU (trois volumes)
SAGA POCHE (un volume)

Aux Éditions Lito
LAURA ET PATRICK – scénario de Riad Sattouf

Aux Éditions Les Requins Marteaux
SALADE DE FLUITS (deux volumes)
SUPERMURGEMAN JOUE ET GAGNE

Site Internet
http://blogs.lexpress.fr/bd/